Live Sound Engineer
Venue Tracker 1.0

by Mantablast Productions

If found, please return to:
_____
_____
_____
_____
_____

Contents

Location:	Venue	Page

Contents

Location:	Venue	Page

Venue: _____

Date: _____ [1]Genres Mixed: _____
Artist(s): _____ Load-in Time: _____
_____ Show Time: _____

Technical Notes / Specifications: _____
_____
_____
_____

Power Notes / Issues: _____
_____

MAINS

```
+20
+10
 0dB
-10
-20
   10 Hz  20 Hz    100 Hz  200 Hz    1 kHz  2 kHz    10 kHz  20 kHz
```

MONITORS

```
+20
+10
 0dB
-10
-20
   10 Hz  20 Hz    100 Hz  200 Hz    1 kHz  2 kHz    10 kHz  20 kHz
```

Difficulties / Room Slapback: _____

Node / Antinode Frequencies: _____

General Notes: _____
_____
_____
_____
_____
_____
_____
_____

Venue: _____

Date: _____ ² Genres Mixed: _____

Artist(s): _____ Load-in Time: _____

_____ Show Time: _____

Technical Notes / Specifications: _____

_____

_____

Power Notes / Issues: _____

_____

MAINS

[Frequency response graph: +20 to -20 dB, 10 Hz to 20 kHz]

MONITORS

[Frequency response graph: +20 to -20 dB, 10 Hz to 20 kHz]

Difficulties / Room Slapback: _____

Node / Antinode Frequencies: _____

General Notes: _____

_____

_____

_____

_____

_____

_____

Venue: _____

Date: _____   [3]Genres Mixed: _____

Artist(s): _____   Load-in Time: _____

_____   Show Time: _____

Technical Notes / Specifications: _____
_____
_____
_____

Power Notes / Issues: _____
_____

MAINS

MONITORS

Difficulties / Room Slapback: _____

Node / Antinode Frequencies: _____

General Notes: _____
_____
_____
_____
_____
_____
_____
_____

Venue: _____

Date: _____ 4 Genres Mixed: _____
Artist(s): _____ Load-in Time: _____
_____ Show Time: _____

Technical Notes / Specifications: _____
_____
_____
_____

Power Notes / Issues: _____
_____

MAINS

MONITORS

Difficulties / Room Slapback: _____
Node / Antinode Frequencies: _____
General Notes: _____
_____
_____
_____
_____
_____
_____
_____

Venue: _____

Date: _____   [5]Genres Mixed: _____
Artist(s): _____   Load-in Time: _____
_____   Show Time: _____

Technical Notes / Specifications: _____
_____
_____
_____

Power Notes / Issues: _____
_____

MAINS

MONITORS

Difficulties / Room Slapback: _____

Node / Antinode Frequencies: _____

General Notes: _____
_____
_____
_____
_____
_____
_____
_____

Venue: _____

Date: _____ Genres Mixed: _____

Artist(s): _____ Load-in Time: _____

_____ Show Time: _____

Technical Notes / Specifications: _____
_____
_____
_____

Power Notes / Issues: _____
_____

MAINS

[Frequency response graph: +20 to -20 dB, 10 Hz to 20 kHz]

MONITORS

[Frequency response graph: +20 to -20 dB, 10 Hz to 20 kHz]

Difficulties / Room Slapback: _____

Node / Antinode Frequencies: _____

General Notes: _____
_____
_____
_____
_____
_____
_____
_____

Venue: _____

Date: _____ [7]Genres Mixed: _____
Artist(s): _____ Load-in Time: _____
_____ Show Time: _____

Technical Notes / Specifications: _____
_____
_____
_____

Power Notes / Issues: _____
_____

MAINS

[Frequency response graph: +20 to -20 dB, 10 Hz to 20 kHz]

MONITORS

[Frequency response graph: +20 to -20 dB, 10 Hz to 20 kHz]

Difficulties / Room Slapback: _____

Node / Antinode Frequencies: _____

General Notes: _____
_____
_____
_____
_____
_____
_____
_____

Venue: _____

Date: _____   [8] Genres Mixed: _____
Artist(s): _____   Load-in Time: _____
_____   Show Time: _____

Technical Notes / Specifications: _____
_____
_____
_____

Power Notes / Issues: _____
_____

MAINS

[Frequency response graph: +20 to -20 dB, 10 Hz to 20 kHz]

MONITORS

[Frequency response graph: +20 to -20 dB, 10 Hz to 20 kHz]

Difficulties / Room Slapback: _____

Node / Antinode Frequencies: _____

General Notes: _____
_____
_____
_____
_____
_____
_____
_____

Venue: _____

Date: _____   ⁹Genres Mixed: _____

Artist(s): _____   Load-in Time: _____

_____   Show Time: _____

Technical Notes / Specifications: _____
_____
_____
_____

Power Notes / Issues: _____
_____

MAINS

[Frequency response graph: +20 to -20 dB, 10 Hz to 20 kHz]

MONITORS

[Frequency response graph: +20 to -20 dB, 10 Hz to 20 kHz]

Difficulties / Room Slapback: _____

Node / Antinode Frequencies: _____

General Notes: _____
_____
_____
_____
_____
_____
_____
_____

Venue: _____

Date: _____ ¹⁰ Genres Mixed: _____
Artist(s): _____ Load-in Time: _____
_____ Show Time: _____

Technical Notes / Specifications: _____
_____
_____
_____

Power Notes / Issues: _____
_____

MAINS

[Frequency response graph: +20 to -20 dB, 10 Hz to 20 kHz]

MONITORS

[Frequency response graph: +20 to -20 dB, 10 Hz to 20 kHz]

Difficulties / Room Slapback: _____

Node / Antinode Frequencies: _____

General Notes: _____
_____
_____
_____
_____
_____
_____
_____

Venue: _____

Date: _____ [11]Genres Mixed: _____

Artist(s): _____ Load-in Time: _____

_____ Show Time: _____

Technical Notes / Specifications: _____
_____
_____
_____

Power Notes / Issues: _____
_____

MAINS

[Frequency response graph: +20 to -20 dB, 10 Hz to 20 kHz]

MONITORS

[Frequency response graph: +20 to -20 dB, 10 Hz to 20 kHz]

Difficulties / Room Slapback: _____

Node / Antinode Frequencies: _____

General Notes: _____
_____
_____
_____
_____
_____
_____
_____

Venue: _____

Date: _____ [12] Genres Mixed: _____

Artist(s): _____ Load-in Time: _____

_____ Show Time: _____

Technical Notes / Specifications: _____

_____

_____

_____

Power Notes / Issues: _____

_____

MAINS

[Frequency response graph: +20 to -20 dB, 10 Hz to 20 kHz]

MONITORS

[Frequency response graph: +20 to -20 dB, 10 Hz to 20 kHz]

Difficulties / Room Slapback: _____

Node / Antinode Frequencies: _____

General Notes: _____

_____

_____

_____

_____

_____

_____

_____

Venue: _____

Date: _____ [13]Genres Mixed: _____
Artist(s): _____ Load-in Time: _____
_____ Show Time: _____

Technical Notes / Specifications: _____
_____
_____
_____

Power Notes / Issues: _____
_____

MAINS

```
+20
+10
 0dB
-10
-20
  10Hz  20Hz      100Hz 200Hz        1kHz  2kHz      10kHz 20kHz
```

MONITORS

```
+20
+10
 0dB
-10
-20
  10Hz  20Hz      100Hz 200Hz        1kHz  2kHz      10kHz 20kHz
```

Difficulties / Room Slapback: _____

Node / Antinode Frequencies: _____

General Notes: _____
_____
_____
_____
_____
_____
_____

Venue: _____

Date: _____ Genres Mixed: _____

Artist(s): _____ Load-in Time: _____

_____ Show Time: _____

Technical Notes / Specifications: _____

_____

_____

_____

Power Notes / Issues: _____

_____

MAINS

[Frequency response graph: +20 to −20 dB, 10 Hz to 20 kHz]

MONITORS

[Frequency response graph: +20 to −20 dB, 10 Hz to 20 kHz]

Difficulties / Room Slapback: _____

Node / Antinode Frequencies: _____

General Notes: _____

_____

_____

_____

_____

_____

_____

_____

Venue: _____

Date: _____ [15]Genres Mixed: _____
Artist(s): _____ Load-in Time: _____
_____ Show Time: _____

Technical Notes / Specifications: _____
_____
_____
_____

Power Notes / Issues: _____
_____

MAINS

[Frequency response graph: +20 to -20 dB, 10 Hz to 20 kHz]

MONITORS

[Frequency response graph: +20 to -20 dB, 10 Hz to 20 kHz]

Difficulties / Room Slapback: _____

Node / Antinode Frequencies: _____

General Notes: _____
_____
_____
_____
_____
_____
_____
_____

Venue:_____

Date: _____ [16] Genres Mixed:_____

Artist(s): _____ Load-in Time:_____

_____ Show Time:_____

Technical Notes / Specifications:_____

_____

_____

_____

Power Notes / Issues:_____

_____

MAINS

[Frequency response graph: +20 to -20 dB, 10 Hz to 20 kHz]

MONITORS

[Frequency response graph: +20 to -20 dB, 10 Hz to 20 kHz]

Difficulties / Room Slapback:_____

Node / Antinode Frequencies:_____

General Notes: _____

_____

_____

_____

_____

_____

_____

_____

Venue: _____

Date: _____ [17]Genres Mixed: _____
Artist(s): _____ Load-in Time: _____
_____ Show Time: _____

Technical Notes / Specifications: _____
_____
_____
_____

Power Notes / Issues: _____
_____

MAINS

MONITORS

Difficulties / Room Slapback: _____

Node / Antinode Frequencies: _____

General Notes: _____
_____
_____
_____
_____
_____
_____
_____

Venue: _____

Date: _____ [18] Genres Mixed: _____

Artist(s): _____ Load-in Time: _____

_____ Show Time: _____

Technical Notes / Specifications: _____
_____
_____
_____

Power Notes / Issues: _____
_____

MAINS

[Frequency response graph: +20 to -20 dB, 10 Hz to 20 kHz]

MONITORS

[Frequency response graph: +20 to -20 dB, 10 Hz to 20 kHz]

Difficulties / Room Slapback: _____

Node / Antinode Frequencies: _____

General Notes: _____
_____
_____
_____
_____
_____
_____
_____

Venue: _____

Date: _____ [19]Genres Mixed: _____
Artist(s): _____ Load-in Time: _____
_____ Show Time: _____

Technical Notes / Specifications: _____
_____
_____
_____

Power Notes / Issues: _____
_____

MAINS

MONITORS

Difficulties / Room Slapback: _____

Node / Antinode Frequencies: _____

General Notes: _____
_____
_____
_____
_____
_____
_____
_____

Venue: _____

Date: _____ 20 Genres Mixed: _____
Artist(s): _____ Load-in Time: _____
_____ Show Time: _____

Technical Notes / Specifications: _____
_____
_____
_____

Power Notes / Issues: _____
_____

MAINS

```
+20
+10
 0dB
-10
-20
  10 Hz  20 Hz      100 Hz  200 Hz      1 kHz  2 kHz      10 kHz  20 kHz
```

MONITORS

```
+20
+10
 0dB
-10
-20
  10 Hz  20 Hz      100 Hz  200 Hz      1 kHz  2 kHz      10 kHz  20 kHz
```

Difficulties / Room Slapback: _____

Node / Antinode Frequencies: _____

General Notes: _____
_____
_____
_____
_____
_____
_____
_____

Venue:_____

Date: _____ [21]Genres Mixed:_____
Artist(s): _____ Load-in Time:_____
_____ Show Time:_____

Technical Notes / Specifications:_____
_____
_____
_____

Power Notes / Issues:_____
_____

MAINS

[Frequency response graph: +20 to -20 dB, 10 Hz to 20 kHz]

MONITORS

[Frequency response graph: +20 to -20 dB, 10 Hz to 20 kHz]

Difficulties / Room Slapback:_____

Node / Antinode Frequencies:_____

General Notes: _____
_____
_____
_____
_____
_____
_____
_____

Venue: _____

Date: _____ 22 Genres Mixed: _____

Artist(s): _____ Load-in Time: _____

_____ Show Time: _____

Technical Notes / Specifications: _____
_____
_____
_____

Power Notes / Issues: _____
_____

MAINS

MONITORS

Difficulties / Room Slapback: _____

Node / Antinode Frequencies: _____

General Notes: _____
_____
_____
_____
_____
_____
_____
_____

Venue: _____

Date: _____ [23]Genres Mixed: _____
Artist(s): _____ Load-in Time: _____
_____ Show Time: _____

Technical Notes / Specifications: _____
_____
_____
_____

Power Notes / Issues: _____
_____

MAINS

[Frequency response graph: +20 to -20 dB, 10 Hz to 20 kHz]

MONITORS

[Frequency response graph: +20 to -20 dB, 10 Hz to 20 kHz]

Difficulties / Room Slapback: _____

Node / Antinode Frequencies: _____

General Notes: _____
_____
_____
_____
_____
_____
_____
_____

Venue: _____

Date: _____   24 Genres Mixed: _____

Artist(s): _____ Load-in Time: _____

_____ Show Time: _____

Technical Notes / Specifications: _____

_____

_____

_____

Power Notes / Issues: _____

_____

MAINS

[Frequency response graph: +20 to -20 dB, 10 Hz to 20 kHz]

MONITORS

[Frequency response graph: +20 to -20 dB, 10 Hz to 20 kHz]

Difficulties / Room Slapback: _____

Node / Antinode Frequencies: _____

General Notes: _____

_____

_____

_____

_____

_____

_____

_____

Venue: _____

Date: _____ [25]Genres Mixed: _____
Artist(s): _____ Load-in Time: _____
_____ Show Time: _____

Technical Notes / Specifications: _____
_____
_____
_____

Power Notes / Issues: _____
_____

MAINS

+20
+10
0dB
-10
-20
10 Hz 20 Hz   100 Hz 200 Hz   1 kHz 2 kHz   10 kHz 20 kHz

MONITORS

+20
+10
0dB
-10
-20
10 Hz 20 Hz   100 Hz 200 Hz   1 kHz 2 kHz   10 kHz 20 kHz

Difficulties / Room Slapback: _____

Node / Antinode Frequencies: _____

General Notes: _____
_____
_____
_____
_____
_____
_____
_____

Venue:_____

Date:_____ ²⁶ Genres Mixed:_____

Artist(s):_____ Load-in Time:_____

_____ Show Time:_____

Technical Notes / Specifications:_____

_____

_____

_____

Power Notes / Issues:_____

_____

MAINS

+20
+10
0dB
-10
-20
10 Hz 20 Hz   100 Hz 200 Hz   1 kHz 2 kHz   10 kHz 20 kHz

MONITORS

+20
+10
0dB
-10
-20
10 Hz 20 Hz   100 Hz 200 Hz   1 kHz 2 kHz   10 kHz 20 kHz

Difficulties / Room Slapback:_____

Node / Antinode Frequencies:_____

General Notes:_____

_____

_____

_____

_____

_____

_____

_____

Venue:_____

Date: _____   [27]Genres Mixed:_____
Artist(s): _____   Load-in Time:_____
_____   Show Time:_____

Technical Notes / Specifications:_____
_____
_____
_____

Power Notes / Issues:_____
_____

MAINS

+20
+10
0dB
-10
-20
10 Hz   20 Hz   100 Hz 200 Hz   1 kHz   2 kHz   10 kHz 20 kHz

MONITORS

+20
+10
0dB
-10
-20
10 Hz   20 Hz   100 Hz 200 Hz   1 kHz   2 kHz   10 kHz 20 kHz

Difficulties / Room Slapback:_____

Node / Antinode Frequencies:_____

General Notes: _____
_____
_____
_____
_____
_____
_____
_____

Venue: _____

Date: _____ 28 Genres Mixed: _____

Artist(s): _____ Load-in Time: _____

_____ Show Time: _____

Technical Notes / Specifications: _____

_____

_____

_____

Power Notes / Issues: _____

_____

MAINS

MONITORS

Difficulties / Room Slapback: _____

Node / Antinode Frequencies: _____

General Notes: _____

_____

_____

_____

_____

_____

_____

_____

Venue: _____

Date: _____ Genres Mixed: _____

Artist(s): _____ Load-in Time: _____

_____ Show Time: _____

Technical Notes / Specifications: _____

_____

_____

_____

Power Notes / Issues: _____

_____

MAINS

MONITORS

Difficulties / Room Slapback: _____

Node / Antinode Frequencies: _____

General Notes: _____

_____

_____

_____

_____

_____

_____

_____

Venue: _____

Date: _____ ³⁰ Genres Mixed: _____
Artist(s): _____ Load-in Time: _____
_____ Show Time: _____

Technical Notes / Specifications: _____
_____
_____
_____

Power Notes / Issues: _____
_____

MAINS

[Frequency response graph: +20 to -20 dB, 10 Hz to 20 kHz]

MONITORS

[Frequency response graph: +20 to -20 dB, 10 Hz to 20 kHz]

Difficulties / Room Slapback: _____

Node / Antinode Frequencies: _____

General Notes: _____
_____
_____
_____
_____
_____
_____
_____
_____

Venue: _____

Date: _____ [31]Genres Mixed: _____

Artist(s): _____ Load-in Time: _____

_____ Show Time: _____

Technical Notes / Specifications: _____
_____
_____
_____

Power Notes / Issues: _____
_____

MAINS

```
+20
+10
0dB
-10
-20
  10 Hz  20 Hz     100 Hz  200 Hz     1 kHz  2 kHz     10 kHz  20 kHz
```

MONITORS

```
+20
+10
0dB
-10
-20
  10 Hz  20 Hz     100 Hz  200 Hz     1 kHz  2 kHz     10 kHz  20 kHz
```

Difficulties / Room Slapback: _____

Node / Antinode Frequencies: _____

General Notes: _____
_____
_____
_____
_____
_____
_____
_____

Venue: _____

Date: _____

Artist(s): _____
_____

³² Genres Mixed: _____

Load-in Time: _____

Show Time: _____

Technical Notes / Specifications: _____
_____
_____
_____

Power Notes / Issues: _____
_____

MAINS

[Frequency response graph: +20 to -20 dB, 10 Hz to 20 kHz]

MONITORS

[Frequency response graph: +20 to -20 dB, 10 Hz to 20 kHz]

Difficulties / Room Slapback: _____

Node / Antinode Frequencies: _____

General Notes: _____
_____
_____
_____
_____
_____
_____
_____

Venue:_____

Date:_____ ³³Genres Mixed:_____
Artist(s):_____ Load-in Time:_____
_____ Show Time:_____

Technical Notes / Specifications:_____
_____
_____
_____

Power Notes / Issues:_____
_____

MAINS

```
+20
+10
 0dB
-10
-20
  10 Hz  20 Hz    100 Hz  200 Hz    1 kHz  2 kHz    10 kHz  20 kHz
```

MONITORS

```
+20
+10
 0dB
-10
-20
  10 Hz  20 Hz    100 Hz  200 Hz    1 kHz  2 kHz    10 kHz  20 kHz
```

Difficulties / Room Slapback:_____

Node / Antinode Frequencies:_____

General Notes: _____
_____
_____
_____
_____
_____
_____
_____

Venue:_____

Date:_____ Genres Mixed:_____

Artist(s):_____ Load-in Time:_____

_____ Show Time:_____

Technical Notes / Specifications:_____

_____

_____

_____

Power Notes / Issues:_____

_____

MAINS

MONITORS

Difficulties / Room Slapback:_____

Node / Antinode Frequencies:_____

General Notes:_____

_____

_____

_____

_____

_____

_____

_____

Venue: _____

Date: _____ [35]Genres Mixed: _____

Artist(s): _____ Load-in Time: _____

_____ Show Time: _____

Technical Notes / Specifications: _____
_____
_____
_____

Power Notes / Issues: _____
_____

MAINS

MONITORS

Difficulties / Room Slapback: _____

Node / Antinode Frequencies: _____

General Notes: _____
_____
_____
_____
_____
_____
_____
_____

Venue: _____

Date: _____ Genres Mixed: _____
Artist(s): _____ Load-in Time: _____
_____ Show Time: _____

Technical Notes / Specifications: _____
_____
_____
_____

Power Notes / Issues: _____
_____

MAINS

Difficulties / Room Slapback: _____
Node / Antinode Frequencies: _____
General Notes: _____
_____
_____
_____
_____
_____
_____
_____

Venue: _____

Date: _____ [37]Genres Mixed: _____
Artist(s): _____ Load-in Time: _____
_____ Show Time: _____

Technical Notes / Specifications: _____
_____
_____
_____

Power Notes / Issues: _____
_____

MAINS

```
+20
+10
0dB
-10
-20
  10 Hz  20 Hz      100 Hz  200 Hz      1 kHz  2 kHz      10 kHz  20 kHz
```

MONITORS

```
+20
+10
0dB
-10
-20
  10 Hz  20 Hz      100 Hz  200 Hz      1 kHz  2 kHz      10 kHz  20 kHz
```

Difficulties / Room Slapback: _____

Node / Antinode Frequencies: _____

General Notes: _____
_____
_____
_____
_____
_____
_____
_____

Venue: _____

Date: _____ [38] Genres Mixed: _____

Artist(s): _____ Load-in Time: _____

_____ Show Time: _____

Technical Notes / Specifications: _____
_____
_____
_____

Power Notes / Issues: _____
_____

MAINS

+20
+10
0dB
-10
-20
10 Hz 20 Hz   100 Hz 200 Hz   1 kHz 2 kHz   10 kHz 20 kHz

MONITORS

+20
+10
0dB
-10
-20
10 Hz 20 Hz   100 Hz 200 Hz   1 kHz 2 kHz   10 kHz 20 kHz

Difficulties / Room Slapback: _____

Node / Antinode Frequencies: _____

General Notes: _____
_____
_____
_____
_____
_____
_____
_____

Venue: _____

Date: _____ [39]Genres Mixed: _____

Artist(s): _____ Load-in Time: _____

_____ Show Time: _____

Technical Notes / Specifications: _____
_____
_____
_____

Power Notes / Issues: _____
_____

MAINS

[Frequency response graph: +20 to -20 dB, 10 Hz to 20 kHz]

MONITORS

[Frequency response graph: +20 to -20 dB, 10 Hz to 20 kHz]

Difficulties / Room Slapback: _____

Node / Antinode Frequencies: _____

General Notes: _____
_____
_____
_____
_____
_____
_____
_____

Venue: _____

Date: _____ 40 Genres Mixed: _____
Artist(s): _____   Load-in Time: _____
_____   Show Time: _____

Technical Notes / Specifications: _____
_____
_____
_____

Power Notes / Issues: _____
_____

MAINS

[Frequency response graph: +20 to -20 dB, 10 Hz to 20 kHz]

MONITORS

[Frequency response graph: +20 to -20 dB, 10 Hz to 20 kHz]

Difficulties / Room Slapback: _____

Node / Antinode Frequencies: _____

General Notes: _____
_____
_____
_____
_____
_____
_____
_____

Venue: _____

Date: _____ [41]Genres Mixed: _____
Artist(s): _____ Load-in Time: _____
_____ Show Time: _____

Technical Notes / Specifications: _____
_____
_____
_____

Power Notes / Issues: _____
_____

MAINS

MONITORS

Difficulties / Room Slapback: _____

Node / Antinode Frequencies: _____

General Notes: _____
_____
_____
_____
_____
_____
_____
_____

Venue: _____

Date: _____ Genres Mixed: _____

Artist(s): _____ Load-in Time: _____

_____ Show Time: _____

Technical Notes / Specifications: _____

_____

_____

_____

Power Notes / Issues: _____

_____

MAINS

[Frequency response graph: +20 to -20 dB, 10 Hz to 20 kHz]

MONITORS

[Frequency response graph: +20 to -20 dB, 10 Hz to 20 kHz]

Difficulties / Room Slapback: _____

Node / Antinode Frequencies: _____

General Notes: _____

_____

_____

_____

_____

_____

_____

_____

Venue: _____

Date: _____ [43]Genres Mixed: _____
Artist(s): _____ Load-in Time: _____
_____ Show Time: _____

Technical Notes / Specifications: _____
_____
_____
_____

Power Notes / Issues: _____
_____

MAINS

[Frequency response graph: +20 to -20 dB, 10 Hz to 20 kHz]

MONITORS

[Frequency response graph: +20 to -20 dB, 10 Hz to 20 kHz]

Difficulties / Room Slapback: _____

Node / Antinode Frequencies: _____

General Notes: _____
_____
_____
_____
_____
_____
_____
_____

Venue: _____

Date: _____
Artist(s): _____
_____

44 Genres Mixed: _____
Load-in Time: _____
Show Time: _____

Technical Notes / Specifications: _____
_____
_____
_____

Power Notes / Issues: _____
_____

MAINS

MONITORS

Difficulties / Room Slapback: _____

Node / Antinode Frequencies: _____

General Notes: _____
_____
_____
_____
_____
_____
_____
_____

Venue: _____

Date: _____   Genres Mixed: _____
Artist(s): _____   Load-in Time: _____
_____   Show Time: _____

Technical Notes / Specifications: _____
_____
_____
_____

Power Notes / Issues: _____
_____

MAINS

[Frequency response graph: +20 to -20 dB, 10 Hz to 20 kHz]

MONITORS

[Frequency response graph: +20 to -20 dB, 10 Hz to 20 kHz]

Difficulties / Room Slapback: _____

Node / Antinode Frequencies: _____

General Notes: _____
_____
_____
_____
_____
_____
_____
_____

Venue: _____

Date: _____ Genres Mixed: _____
Artist(s): _____ Load-in Time: _____
_____ Show Time: _____

Technical Notes / Specifications: _____
_____
_____
_____

Power Notes / Issues: _____
_____

MAINS

[Frequency response graph: +20 to -20 dB, 10 Hz to 20 kHz]

MONITORS

[Frequency response graph: +20 to -20 dB, 10 Hz to 20 kHz]

Difficulties / Room Slapback: _____

Node / Antinode Frequencies: _____

General Notes: _____
_____
_____
_____
_____
_____
_____
_____

Venue: _____

Date: _____ [47]Genres Mixed: _____
Artist(s): _____ Load-in Time: _____
_____ Show Time: _____

Technical Notes / Specifications: _____
_____
_____
_____

Power Notes / Issues: _____
_____

MAINS

MONITORS

Difficulties / Room Slapback: _____

Node / Antinode Frequencies: _____

General Notes: _____
_____
_____
_____
_____
_____
_____
_____

Venue: _____

Date: _____ ⁴⁸ Genres Mixed: _____
Artist(s): _____ Load-in Time: _____
_____ Show Time: _____

Technical Notes / Specifications: _____
_____
_____
_____

Power Notes / Issues: _____
_____

MAINS

[Frequency response graph: +20 to -20 dB, 10 Hz to 20 kHz]

MONITORS

[Frequency response graph: +20 to -20 dB, 10 Hz to 20 kHz]

Difficulties / Room Slapback: _____

Node / Antinode Frequencies: _____

General Notes: _____
_____
_____
_____
_____
_____
_____
_____

Venue:_____

Date:_____ [49]Genres Mixed:_____
Artist(s):_____ Load-in Time:_____
_____ Show Time:_____

Technical Notes / Specifications:_____
_____
_____
_____

Power Notes / Issues:_____
_____

MAINS

[Frequency response graph: +20 to -20 dB, 10 Hz to 20 kHz]

MONITORS

[Frequency response graph: +20 to -20 dB, 10 Hz to 20 kHz]

Difficulties / Room Slapback:_____

Node / Antinode Frequencies:_____

General Notes:_____
_____
_____
_____
_____
_____
_____

Venue: _____

Date: _____ 50 Genres Mixed: _____

Artist(s): _____ Load-in Time: _____

_____ Show Time: _____

Technical Notes / Specifications: _____

_____

_____

_____

Power Notes / Issues: _____

_____

MAINS

[EQ graph: +20 to -20 dB, 10 Hz to 20 kHz]

MONITORS

[EQ graph: +20 to -20 dB, 10 Hz to 20 kHz]

Difficulties / Room Slapback: _____

Node / Antinode Frequencies: _____

General Notes: _____

_____

_____

_____

_____

_____

_____

_____

Venue: _____

Date: _____ [51]Genres Mixed: _____

Artist(s): _____ Load-in Time: _____

_____ Show Time: _____

Technical Notes / Specifications: _____
_____
_____
_____

Power Notes / Issues: _____
_____

MAINS

[Frequency response graph: +20 to -20 dB, 10 Hz to 20 kHz]

MONITORS

[Frequency response graph: +20 to -20 dB, 10 Hz to 20 kHz]

Difficulties / Room Slapback: _____

Node / Antinode Frequencies: _____

General Notes: _____
_____
_____
_____
_____
_____
_____
_____

Venue: _____

Date: _____ [52] Genres Mixed: _____

Artist(s): _____ Load-in Time: _____

_____ Show Time: _____

Technical Notes / Specifications: _____

_____

_____

_____

Power Notes / Issues: _____

_____

MAINS

MONITORS

Difficulties / Room Slapback: _____

Node / Antinode Frequencies: _____

General Notes: _____

_____

_____

_____

_____

_____

_____

_____

Venue:_____

Date:_____   [53]Genres Mixed:_____
Artist(s):_____   Load-in Time:_____
_____   Show Time:_____

Technical Notes / Specifications:_____
_____
_____
_____

Power Notes / Issues:_____
_____

MAINS

[Frequency response graph: +20 to -20 dB, 10 Hz to 20 kHz]

MONITORS

[Frequency response graph: +20 to -20 dB, 10 Hz to 20 kHz]

Difficulties / Room Slapback:_____

Node / Antinode Frequencies:_____

General Notes:_____
_____
_____
_____
_____
_____
_____
_____

Venue: _____

Date: _____ Genres Mixed: _____

Artist(s): _____ Load-in Time: _____

_____ Show Time: _____

Technical Notes / Specifications: _____
_____
_____
_____

Power Notes / Issues: _____
_____

MAINS

MONITORS

Difficulties / Room Slapback: _____

Node / Antinode Frequencies: _____

General Notes: _____
_____
_____
_____
_____
_____
_____
_____

Venue: _____

Date: _____ Genres Mixed: _____

Artist(s): _____ Load-in Time: _____

_____ Show Time: _____

Technical Notes / Specifications: _____

_____

_____

_____

Power Notes / Issues: _____

_____

MAINS

[Frequency response graph: +20 to -20 dB, 10 Hz to 20 kHz]

MONITORS

[Frequency response graph: +20 to -20 dB, 10 Hz to 20 kHz]

Difficulties / Room Slapback: _____

Node / Antinode Frequencies: _____

General Notes: _____

_____

_____

_____

_____

_____

_____

Venue: _____

Date: _____ Genres Mixed: _____
Artist(s): _____ Load-in Time: _____
_____ Show Time: _____

Technical Notes / Specifications: _____
_____
_____
_____

Power Notes / Issues: _____
_____

MAINS

(Frequency response graph: +20 to -20 dB, 10 Hz to 20 kHz)

MONITORS

(Frequency response graph: +20 to -20 dB, 10 Hz to 20 kHz)

Difficulties / Room Slapback: _____

Node / Antinode Frequencies: _____

General Notes: _____
_____
_____
_____
_____
_____
_____
_____

Venue: _____

Date: _____ [57]Genres Mixed: _____

Artist(s): _____ Load-in Time: _____

_____ Show Time: _____

Technical Notes / Specifications: _____

_____

_____

_____

Power Notes / Issues: _____

_____

MAINS

MONITORS

Difficulties / Room Slapback: _____

Node / Antinode Frequencies: _____

General Notes: _____

_____

_____

_____

_____

_____

_____

_____

Venue: _____

Date: _____ Genres Mixed: _____
Artist(s): _____ Load-in Time: _____
_____ Show Time: _____

Technical Notes / Specifications: _____
_____
_____
_____

Power Notes / Issues: _____
_____

MAINS

MONITORS

Difficulties / Room Slapback: _____

Node / Antinode Frequencies: _____

General Notes: _____
_____
_____
_____
_____
_____
_____
_____

Venue: _____

Date: _____ Genres Mixed: _____
Artist(s): _____ Load-in Time: _____
_____ Show Time: _____

Technical Notes / Specifications: _____
_____
_____
_____

Power Notes / Issues: _____
_____

MAINS

[Frequency response graph: +20 to -20 dB, 10 Hz to 20 kHz]

MONITORS

[Frequency response graph: +20 to -20 dB, 10 Hz to 20 kHz]

Difficulties / Room Slapback: _____

Node / Antinode Frequencies: _____

General Notes: _____
_____
_____
_____
_____
_____
_____
_____

Venue: _____

Date: _____ ⁶⁰ Genres Mixed: _____
Artist(s): _____ Load-in Time: _____
_____ Show Time: _____

Technical Notes / Specifications: _____
_____
_____
_____

Power Notes / Issues: _____
_____

MAINS

[Frequency response graph: +20 to -20 dB, 10 Hz to 20 kHz]

MONITORS

[Frequency response graph: +20 to -20 dB, 10 Hz to 20 kHz]

Difficulties / Room Slapback: _____

Node / Antinode Frequencies: _____

General Notes: _____
_____
_____
_____
_____
_____
_____
_____

Venue: _____

Date: _____ 61 Genres Mixed: _____

Artist(s): _____ Load-in Time: _____

_____ Show Time: _____

Technical Notes / Specifications: _____

_____

_____

_____

Power Notes / Issues: _____

_____

MAINS

+20 / +10 / 0dB / -10 / -20
10 Hz 20 Hz 100 Hz 200 Hz 1 kHz 2 kHz 10 kHz 20 kHz

MONITORS

+20 / +10 / 0dB / -10 / -20
10 Hz 20 Hz 100 Hz 200 Hz 1 kHz 2 kHz 10 kHz 20 kHz

Difficulties / Room Slapback: _____

Node / Antinode Frequencies: _____

General Notes: _____

_____

_____

_____

_____

_____

_____

Venue: _____

Date: _____ Genres Mixed: _____
Artist(s): _____ Load-in Time: _____
_____ Show Time: _____

Technical Notes / Specifications: _____
_____
_____
_____

Power Notes / Issues: _____
_____

MAINS

+20
+10
0dB
-10
-20
10 Hz 20 Hz   100 Hz 200 Hz   1 kHz 2 kHz   10 kHz 20 kHz

MONITORS

+20
+10
0dB
-10
-20
10 Hz 20 Hz   100 Hz 200 Hz   1 kHz 2 kHz   10 kHz 20 kHz

Difficulties / Room Slapback: _____

Node / Antinode Frequencies: _____

General Notes: _____
_____
_____
_____
_____
_____
_____
_____

Venue: _____

Date: _____ Genres Mixed: _____

Artist(s): _____ Load-in Time: _____

_____ Show Time: _____

Technical Notes / Specifications: _____

_____

_____

_____

Power Notes / Issues: _____

_____

MAINS

[Frequency response graph: +20 to -20 dB, 10 Hz to 20 kHz]

MONITORS

[Frequency response graph: +20 to -20 dB, 10 Hz to 20 kHz]

Difficulties / Room Slapback: _____

Node / Antinode Frequencies: _____

General Notes: _____

_____

_____

_____

_____

_____

_____

_____

Venue: _____

Date: _____   Genres Mixed: _____
Artist(s): _____   Load-in Time: _____
_____   Show Time: _____

Technical Notes / Specifications: _____
_____
_____
_____

Power Notes / Issues: _____
_____

MAINS

[Frequency response graph: +20 to -20 dB, 10 Hz to 20 kHz]

MONITORS

[Frequency response graph: +20 to -20 dB, 10 Hz to 20 kHz]

Difficulties / Room Slapback: _____

Node / Antinode Frequencies: _____

General Notes: _____
_____
_____
_____
_____
_____
_____
_____

Venue: _____

Date: _____ Genres Mixed: _____

Artist(s): _____ Load-in Time: _____

_____ Show Time: _____

Technical Notes / Specifications: _____

_____

_____

_____

Power Notes / Issues: _____

_____

MAINS

[Frequency response graph: +20 to -20 dB, 10 Hz to 20 kHz]

MONITORS

[Frequency response graph: +20 to -20 dB, 10 Hz to 20 kHz]

Difficulties / Room Slapback: _____

Node / Antinode Frequencies: _____

General Notes: _____

_____

_____

_____

_____

_____

_____

_____

Venue: _____

Date: _____ Genres Mixed: _____
Artist(s): _____ Load-in Time: _____
_____ Show Time: _____

Technical Notes / Specifications: _____
_____
_____
_____

Power Notes / Issues: _____
_____

MAINS

[Frequency response graph: +20 to -20 dB, 10 Hz to 20 kHz]

MONITORS

[Frequency response graph: +20 to -20 dB, 10 Hz to 20 kHz]

Difficulties / Room Slapback: _____

Node / Antinode Frequencies: _____

General Notes: _____
_____
_____
_____
_____
_____
_____
_____

Venue: _____

Date: _____   [67]Genres Mixed: _____

Artist(s): _____   Load-in Time: _____

_____   Show Time: _____

Technical Notes / Specifications: _____

_____

_____

_____

Power Notes / Issues: _____

_____

MAINS

[Frequency response graph: +20 to -20 dB, 10 Hz to 20 kHz]

MONITORS

[Frequency response graph: +20 to -20 dB, 10 Hz to 20 kHz]

Difficulties / Room Slapback: _____

Node / Antinode Frequencies: _____

General Notes: _____

_____

_____

_____

_____

_____

_____

_____

Venue: _____

Date: _____ Genres Mixed: _____
Artist(s): _____ Load-in Time: _____
_____ Show Time: _____

Technical Notes / Specifications: _____
_____
_____
_____

Power Notes / Issues: _____
_____

MAINS

(Frequency response graph: +20 dB to -20 dB, 10 Hz to 20 kHz)

MONITORS

(Frequency response graph: +20 dB to -20 dB, 10 Hz to 20 kHz)

Difficulties / Room Slapback: _____

Node / Antinode Frequencies: _____

General Notes: _____
_____
_____
_____
_____
_____
_____
_____

Venue: _____

Date: _____ Genres Mixed: _____

Artist(s): _____ Load-in Time: _____

_____ Show Time: _____

Technical Notes / Specifications: _____

_____

_____

_____

Power Notes / Issues: _____

_____

MAINS

MONITORS

Difficulties / Room Slapback: _____

Node / Antinode Frequencies: _____

General Notes: _____

_____

_____

_____

_____

_____

_____

_____

Venue: _____

Date: _____ [70] Genres Mixed: _____
Artist(s): _____ Load-in Time: _____
_____ Show Time: _____

Technical Notes / Specifications: _____
_____
_____
_____

Power Notes / Issues: _____
_____

MAINS

[Frequency response graph: +20 to -20 dB, 10 Hz to 20 kHz]

MONITORS

[Frequency response graph: +20 to -20 dB, 10 Hz to 20 kHz]

Difficulties / Room Slapback: _____

Node / Antinode Frequencies: _____

General Notes: _____
_____
_____
_____
_____
_____
_____
_____

Venue: _____

Date: _____ [71]Genres Mixed: _____
Artist(s): _____ Load-in Time: _____
_____ Show Time: _____

Technical Notes / Specifications: _____
_____
_____
_____

Power Notes / Issues: _____
_____

MAINS

```
+20
+10
0dB
-10
-20
  10 Hz  20 Hz      100 Hz  200 Hz      1 kHz  2 kHz      10 kHz  20 kHz
```

MONITORS

```
+20
+10
0dB
-10
-20
  10 Hz  20 Hz      100 Hz  200 Hz      1 kHz  2 kHz      10 kHz  20 kHz
```

Difficulties / Room Slapback: _____

Node / Antinode Frequencies: _____

General Notes: _____
_____
_____
_____
_____
_____
_____
_____

Venue: _____

Date: _____ 72 Genres Mixed: _____

Artist(s): _____ Load-in Time: _____

_____ Show Time: _____

Technical Notes / Specifications: _____
_____
_____
_____

Power Notes / Issues: _____
_____

MAINS

```
+20 ┤
+10 ┤
0dB ┤
-10 ┤
-20 ┴────────────────────────────────────────────
   10 Hz  20 Hz    100 Hz  200 Hz    1 kHz  2 kHz    10 kHz  20 kHz
```

MONITORS

```
+20 ┤
+10 ┤
0dB ┤
-10 ┤
-20 ┴────────────────────────────────────────────
   10 Hz  20 Hz    100 Hz  200 Hz    1 kHz  2 kHz    10 kHz  20 kHz
```

Difficulties / Room Slapback: _____

Node / Antinode Frequencies: _____

General Notes: _____
_____
_____
_____
_____
_____
_____
_____

Venue: _____

Date: _____ [73]Genres Mixed: _____

Artist(s): _____ Load-in Time: _____

_____ Show Time: _____

Technical Notes / Specifications: _____

_____

_____

_____

Power Notes / Issues: _____

_____

MAINS

```
+20 ┤
+10 ┤
0dB ┤
-10 ┤
-20 ┤
   10 Hz  20 Hz   100 Hz  200 Hz   1 kHz  2 kHz   10 kHz  20 kHz
```

MONITORS

```
+20 ┤
+10 ┤
0dB ┤
-10 ┤
-20 ┤
   10 Hz  20 Hz   100 Hz  200 Hz   1 kHz  2 kHz   10 kHz  20 kHz
```

Difficulties / Room Slapback: _____

Node / Antinode Frequencies: _____

General Notes: _____

_____

_____

_____

_____

_____

_____

_____

Venue: _____

Date: _____ Genres Mixed: _____

Artist(s): _____ Load-in Time: _____

_____ Show Time: _____

Technical Notes / Specifications: _____

_____

_____

_____

Power Notes / Issues: _____

_____

MAINS

[Frequency response graph: +20 to -20 dB, 10 Hz to 20 kHz]

MONITORS

[Frequency response graph: +20 to -20 dB, 10 Hz to 20 kHz]

Difficulties / Room Slapback: _____

Node / Antinode Frequencies: _____

General Notes: _____

_____

_____

_____

_____

_____

_____

_____

Venue: _____

Date: _____ 75 Genres Mixed: _____

Artist(s): _____ Load-in Time: _____

_____ Show Time: _____

Technical Notes / Specifications: _____
_____
_____
_____

Power Notes / Issues: _____
_____

MAINS

[Frequency response graph: +20 to -20 dB, 10 Hz to 20 kHz]

MONITORS

[Frequency response graph: +20 to -20 dB, 10 Hz to 20 kHz]

Difficulties / Room Slapback: _____

Node / Antinode Frequencies: _____

General Notes: _____
_____
_____
_____
_____
_____
_____
_____

Venue: _____

Date: _____ Genres Mixed: _____

Artist(s): _____ Load-in Time: _____

_____ Show Time: _____

Technical Notes / Specifications: _____
_____
_____
_____

Power Notes / Issues: _____
_____

MAINS

MONITORS

Difficulties / Room Slapback: _____

Node / Antinode Frequencies: _____

General Notes: _____
_____
_____
_____
_____
_____
_____
_____

Venue:_____

Date: _____ [77]Genres Mixed:_____

Artist(s): _____ Load-in Time:_____

_____ Show Time:_____

Technical Notes / Specifications:_____
_____
_____
_____

Power Notes / Issues:_____
_____

MAINS

[frequency response graph: +20 to -20 dB, 10 Hz to 20 kHz]

MONITORS

[frequency response graph: +20 to -20 dB, 10 Hz to 20 kHz]

Difficulties / Room Slapback:_____

Node / Antinode Frequencies:_____

General Notes: _____
_____
_____
_____
_____
_____
_____
_____

Venue: _____

Date: _____ 78 Genres Mixed: _____

Artist(s): _____ Load-in Time: _____

_____ Show Time: _____

Technical Notes / Specifications: _____

_____

_____

_____

Power Notes / Issues: _____

_____

MAINS

[Frequency response graph: +20 to -20 dB, 10 Hz to 20 kHz]

MONITORS

[Frequency response graph: +20 to -20 dB, 10 Hz to 20 kHz]

Difficulties / Room Slapback: _____

Node / Antinode Frequencies: _____

General Notes: _____

_____

_____

_____

_____

_____

_____

_____

Venue: _____

Date: _____ [79]Genres Mixed: _____
Artist(s): _____ Load-in Time: _____
_____ Show Time: _____

Technical Notes / Specifications: _____
_____
_____

Power Notes / Issues: _____
_____

MAINS

```
+20
+10
 0dB
-10
-20
  10 Hz  20 Hz   100 Hz  200 Hz   1 kHz  2 kHz   10 kHz  20 kHz
```

MONITORS

```
+20
+10
 0dB
-10
-20
  10 Hz  20 Hz   100 Hz  200 Hz   1 kHz  2 kHz   10 kHz  20 kHz
```

Difficulties / Room Slapback: _____

Node / Antinode Frequencies: _____

General Notes: _____
_____
_____
_____
_____
_____
_____
_____

Venue: _____

Date: _____ ⁸⁰ Genres Mixed: _____
Artist(s): _____ Load-in Time: _____
_____ Show Time: _____

Technical Notes / Specifications: _____
_____
_____
_____

Power Notes / Issues: _____
_____

MAINS

[Frequency response graph: +20 to -20 dB, 10 Hz to 20 kHz]

MONITORS

[Frequency response graph: +20 to -20 dB, 10 Hz to 20 kHz]

Difficulties / Room Slapback: _____

Node / Antinode Frequencies: _____

General Notes: _____
_____
_____
_____
_____
_____
_____
_____

Venue: _____

Date: _____ [81]Genres Mixed: _____

Artist(s): _____ Load-in Time: _____

_____ Show Time: _____

Technical Notes / Specifications: _____

_____

_____

_____

Power Notes / Issues: _____

_____

MAINS

+20
+10
0dB
-10
-20
10 Hz 20 Hz   100 Hz 200 Hz   1 kHz 2 kHz   10 kHz 20 kHz

MONITORS

+20
+10
0dB
-10
-20
10 Hz 20 Hz   100 Hz 200 Hz   1 kHz 2 kHz   10 kHz 20 kHz

Difficulties / Room Slapback: _____

Node / Antinode Frequencies: _____

General Notes: _____

_____

_____

_____

_____

_____

_____

_____

Venue: _____

Date: _____
Artist(s): _____
_____

Genres Mixed: _____
Load-in Time: _____
Show Time: _____

Technical Notes / Specifications: _____
_____
_____
_____

Power Notes / Issues: _____
_____

MAINS

[Frequency response graph: +20 to -20 dB, 10 Hz to 20 kHz]

MONITORS

[Frequency response graph: +20 to -20 dB, 10 Hz to 20 kHz]

Difficulties / Room Slapback: _____

Node / Antinode Frequencies: _____

General Notes: _____
_____
_____
_____
_____
_____
_____
_____

Venue: _____

Date: _____ 83Genres Mixed: _____
Artist(s): _____ Load-in Time: _____
_____ Show Time: _____

Technical Notes / Specifications: _____
_____
_____
_____

Power Notes / Issues: _____
_____

MAINS

[Frequency response graph: +20 to -20 dB, 10 Hz to 20 kHz]

MONITORS

[Frequency response graph: +20 to -20 dB, 10 Hz to 20 kHz]

Difficulties / Room Slapback: _____

Node / Antinode Frequencies: _____

General Notes: _____
_____
_____
_____
_____
_____
_____
_____

Venue: _____

Date: _____

84 Genres Mixed: _____

Artist(s): _____

Load-in Time: _____

Show Time: _____

Technical Notes / Specifications: _____

_____

_____

_____

Power Notes / Issues: _____

_____

MAINS

[Frequency response graph: +20 to -20 dB, 10 Hz to 20 kHz]

MONITORS

[Frequency response graph: +20 to -20 dB, 10 Hz to 20 kHz]

Difficulties / Room Slapback: _____

Node / Antinode Frequencies: _____

General Notes: _____

_____

_____

_____

_____

_____

_____

Venue:_____

Date: _____ \[85\]Genres Mixed:_____

Artist(s): _____ Load-in Time:_____

_____ Show Time:_____

Technical Notes / Specifications:_____
_____
_____
_____

Power Notes / Issues:_____
_____

MAINS

[frequency response graph: +20 to -20 dB, 10 Hz to 20 kHz]

MONITORS

[frequency response graph: +20 to -20 dB, 10 Hz to 20 kHz]

Difficulties / Room Slapback:_____

Node / Antinode Frequencies:_____

General Notes: _____
_____
_____
_____
_____
_____
_____
_____

Venue: _____

Date: _____ Genres Mixed: _____
Artist(s): _____ Load-in Time: _____
_____ Show Time: _____

Technical Notes / Specifications: _____
_____
_____
_____

Power Notes / Issues: _____
_____

MAINS

MONITORS

Difficulties / Room Slapback: _____

Node / Antinode Frequencies: _____

General Notes: _____
_____
_____
_____
_____
_____
_____
_____

Venue: _____

Date: _____   [87]Genres Mixed: _____
Artist(s): _____   Load-in Time: _____
_____   Show Time: _____

Technical Notes / Specifications: _____
_____
_____
_____

Power Notes / Issues: _____
_____

MAINS

```
+20
+10
 0dB
-10
-20
  10 Hz  20 Hz     100 Hz  200 Hz     1 kHz  2 kHz     10 kHz  20 kHz
```

MONITORS

```
+20
+10
 0dB
-10
-20
  10 Hz  20 Hz     100 Hz  200 Hz     1 kHz  2 kHz     10 kHz  20 kHz
```

Difficulties / Room Slapback: _____

Node / Antinode Frequencies: _____

General Notes: _____
_____
_____
_____
_____
_____
_____
_____
_____

Venue: _____

Date: _____ Genres Mixed: _____
Artist(s): _____ Load-in Time: _____
_____ Show Time: _____

Technical Notes / Specifications: _____
_____
_____
_____

Power Notes / Issues: _____
_____

MAINS

Difficulties / Room Slapback: _____

Node / Antinode Frequencies: _____

General Notes: _____
_____
_____
_____
_____
_____
_____
_____

Lightning Source UK Ltd.
Milton Keynes UK
UKHW021046070820
367806UK00005B/248